Mein erstes Pferdewissen

Cornelia Panzacchi

Pferde & Ponys

Mit Fotos von Gabriele Kärcher

COPPENRATH

Hallo, Pferdefan!

Am liebsten in der Herde:
Das haben alle Rassen gemeinsam.

Bestimmt kennst du schon einige Pferde- oder Ponyrassen. Aber weißt du auch, was Warm-, Kalt- und Vollblüter sind? Und kennst du die besonderen Eigenschaften von Islandpferden, Haflingern oder Freibergern?

In diesem Buch erfährst du, warum es so viele verschiedene Pferde- und Ponyrassen gibt, und du lernst, wie du erkennen kannst, zu welcher Rasse ein Pferd gehört. Viele verschiedene Rassen wie das Shetlandpony, der Haflinger, das Arabische Vollblut und das Deutsche Reitpferd werden hier vorgestellt. Und außerdem gibt es noch viele spannende Informationen zu Barock-, Western- und Rennpferden.

Mit ein bisschen Übung kannst du sicher bald erkennen, zu welcher Rasse ein Pferd oder Pony gehört!

Viel Spaß beim Lesen!

Inhalt

Pferde in allen Größen

Pferde und Ponys können unterschiedliche Bedürfnisse haben.

Es gibt große und kleine Pferde, kräftige und zierliche. Aber es gibt zum Beispiel keine Pferde mit Hängeohren, mit Ringelschwanz oder mit kurzen Stummelbeinen wie bei den Hunden. Pferderassen sind äußerlich nicht so stark voneinander verschieden wie Hunderassen.

Die Menschen züchteten die einzelnen Hunderassen, um Hunde zu erhalten, die sich für bestimmte Aufgaben eigneten und die gut an ihren jeweiligen Lebensraum angepasst waren: Hunde mit dickem Fell für kalte Länder, Hunde mit dünnem Fell für warme Länder. Bei den Pferderassen war es so ähnlich – mit einem entscheidenden Unterschied: Alle Hunderassen stammen von Wölfen ab, die überall auf der Welt ziemlich gleich aussehen. Die Vorfahren der Pferderassen dagegen unterscheiden sich viel stärker voneinander. Soweit wir heute wissen, gab es vier ursprüngliche Pferdetypen: das große, kräftige Waldpferd, das schnelle, zierliche Wüstenpferd, das langsame, schwere Pony der Tundra und das kleine Pony, das dank seiner Genügsamkeit in den unterschiedlichsten Lebensräumen zurechtkam.

Auf der Weide fühlen sich die Großen ebenso wohl wie die Kleinen – hier ein Friese und ein Haflinger.

Die Ururur…großeltern unserer Pferde

Eohippus, ein Vorfahre der Pferde, war nicht größer als ein Zwergpudel.

Die Säugetierart „Pferd" entwickelte sich in Amerika. In der letzten Eiszeit – vor ungefähr 15 000 Jahren – gab es eine Landbrücke zwischen Asien und Amerika: Das war die Beringstraße. Die Pferde müssen sie gekannt haben, denn sie breiteten sich über diese Landbrücke nach Asien, Europa und Nordafrika aus. Vor etwa 10 000 Jahren verschwanden die Pferde dann ganz vom amerikanischen Kontinent.

Alle heutigen Pferde haben europäische oder asiatische Vorfahren und viele von ihnen sogar beides. Denn die meisten Pferderassen gingen aus Kreuzungen der vier ursprünglichen Pferdetypen hervor. Nur einige wenige Pferderassen haben genau das Aussehen und die Eigenschaften, die Forscher den alten Pferdetypen zuschreiben: Das kleine Pony sah vermutlich aus wie unser Shetlandpony und das Tundra-Pony wie ein Fjordpferd. Das Waldpferd war der Vorfahre unserer Kaltblutpferde. Und das zierliche Wüstenpferd wurde zum Vorfahren des Arabischen Vollbluts.

Die ursprünglichen Wildpferde gibt es nicht mehr. Aber die Sorraias aus Portugal ähneln ihnen.

Aufmerksam und temperamentvoll: das Arabische Vollblut

Heißes Blut und kaltes Blut

Es gibt unter den Pferden Warmblüter, es gibt Kaltblüter und Vollblüter gibt es auch. Was ist so besonders am Blut dieser Pferde? Eigentlich nichts! Denn ihr Blut ist ganz normales Pferdeblut. Und egal ob Warmblut oder Kaltblut: Die Körpertemperatur ist bei allen Pferden gleich und liegt mit ungefähr 37,5 bis 38,5 °C etwas höher als bei uns

Belgische Kaltblüter oder Brabanter: extrastarke Pferdestärken

Menschen. Was aber bedeuten dann die Begriffe „Warm-blut", „Kaltblut" und „Vollblut"?
Weil große, schwere Pferderassen allgemein ruhiger – oder „cooler" – sind, bezeichnet man sie als „Kaltblüter". Die lebhafteren, leichteren Pferde nennt man entspre-chend „Warmblüter". Und „Vollblüter" heißen nur die Pferde der Rassen „Arabisches Vollblut" und „Englisches Vollblut". Der Name kommt daher, dass in diese Rassen kei-ne Pferde anderer Rassen eingekreuzt werden – deshalb „Vollblut".
Und Ponys? Sind die heiß oder kalt? Weder noch! Ponys sind Pferde, deren Widerristhöhe nicht größer als 1,48 m ist. Man nennt Ponys auch Kleinpferde. Der Widerrist ist die Stelle im Nacken, an der der Rücken in den Hals übergeht. Die Widerristhöhe ermittelt man mit dem Stockmaß.

Wie die Pferde- und Ponyrassen entstanden

Island: Das heißt schwierige Böden, raues Wetter und weite Wege von einer Weide zur nächsten. Gut, dass Islandpferde trittsicher, wetterfest und ausdauernd sind!

Viele Pferde- und Ponyrassen wurden ausschließlich aus Pferden einer bestimmten Gegend gezüchtet. Man wollte Tiere erhalten, die ideal an diesen Lebensraum angepasst waren und sich gut für eine bestimmte Aufgabe eigneten. Ein Beispiel dafür sind die Islandpferde, die als Reit- und Lasttiere auf der Insel Island einfach perfekt sind. Andere Pferderassen entstanden auf natürliche Weise, also ohne Zucht durch Menschen. Dabei konnten nur die stärksten, intelligentesten und am besten an die Umwelt angepassten Tiere überleben und sich fortpflanzen – wie etwa die Shetlandponys in ihrer Heimat, auf den Shetlandinseln. Dann wieder gibt es Rassen, für die absichtlich bestimmte Pferdetypen oder -rassen gekreuzt wurden. So ist zum Beispiel die Rasse „Englisches Vollblut" aus Arabischen Vollblütern und einheimischen englischen Pferden entstanden. Aber: Rasse und Abstammung sind nicht alles! Jedes Pferd hat seine eigene Geschichte und seinen einzigartigen Charakter. Auch wenn jeder Rasse bestimmte Eigenschaften zugeschrieben werden – dies muss nicht heißen, dass jedes Pferd der Rasse all diese Eigenschaften und keine anderen besitzt.

In Weiß wird's nicht so heiß: Kein Wunder, dass es unter Arabischen Vollblütern so viele Schimmel gibt!

Shetlandponys

Stockmaß: 95 bis 112 cm
Farben: alle, auch Schecken (mit weißen Flecken)

Diese frechen kleinen Kerle sehen so knuddelig aus wie Teddybären und sind so mutig wie Löwen. Die Shetlandponys sind nach den Inseln benannt, von denen sie stammen. Diese Inseln liegen nördlich von Schottland im Atlantischen Ozean. Ihr Klima ist rau, das heißt kalt, nass und stürmisch. Die Ponys konnten hier nur deshalb überleben, weil sie mit wenigem und nicht sehr nahrhaftem Futter auskamen.

Klein, aber fix: Ein Shetlandpony startet durch.

Ihr dickes Fell schützte die Shetlandponys vor Nässe und Kälte. Dank ihres starken Selbstbewusstseins konnten sie sich gegen natürliche Fressfeinde wehren.

Die Menschen, die auf den Inseln wohnten, setzten die Shetlandponys als Zug- und Lasttiere ein, auch als Reittiere für Erwachsene. Aber vielleicht waren die Erwachsenen damals auch einfach nur ein bisschen kleiner und leichter als heute. Inzwischen sind Shetlandponys beliebte Kinderreitpferde und ziehen leichte Kutschen. Sie führen im Zirkus Kunststücke vor und sind die Stars in jedem Streichelzoo.

Shetlandponys können auch geduldig sein.
Das macht sie zu guten „Reitlehrern" für kleine Reiter.

Islandpferde

Stockmaß: 125 bis 145 cm
Farben: alle, auch Schecken, aber keine Tigerschecken

Islandpferde zählen zu den Kleinpferden. Doch die starken Kleinen aus Island brauchen sich nicht vor den großen Pferden zu verstecken. Islandpferde werden nicht nur als Reitpferde für Kinder eingesetzt, sondern tragen auch erwachsene Reiter. Und es gibt für sie sogar eigene Turniere und Rennen.

Fein gemacht: Ein Islandpferd beim Landsmót, dem großen Pferdefest auf Island.

Wenn es genug Weiden und Wasser gibt, können sich Islandpferde gut selbst versorgen.

Außer den Grundgangarten Schritt, Trab und Galopp beherrschen die meisten Islandpferde (aber nicht unbedingt alle!) zwei weitere Gangarten: den Tölt und den Pass. Wie alle Ponys sind die Islandpferde sehr eigenwillig und mutig und ebenso wie die „Shetties" trittsicher und ausdauernd. Islandpferde sind Wikingerpferde. Denn als die Wikinger um 850 n. Chr. die Insel Island besiedelten, nahmen sie ihre Pferde von Skandinavien mit. Seit dem 10. Jahrhundert dürfen keine anderen Rassen mehr eingekreuzt werden. Deshalb sind die heutigen „Isis" immer noch die Nachkommen jener Pferde, die auf den Schiffen der Wikinger nach Island kamen. Das ist die große Insel im Atlantischen Ozean.

Als Reitpferde sind „Hafis"
alles andere als faul. Man nennt
sie auch „Rennsemmeln".

Haflinger

Stockmaß: 1,40 bis 1,48 m
Farben: nur Füchse, isabellfarben
(beige) bis rotbraun, Mähne
und Schweif immer hell

Mit Schwung in die Kurve:
Haflinger beim Fahrtraining

Zwar gehören die Haflinger mit einer
Widerristhöhe von höchstens 1,48 m
zu den Kleinpferden. Doch sind sie
nicht mit den anderen Ponyrassen verwandt. Benannt sind
Haflinger nach dem Dorf Hafling in Südtirol. Hier und in der
Umgebung waren sie ursprünglich auf vielen Bauernhöfen
im Einsatz.
Die „Hafis" sind klein und deshalb wendig, zusätzlich sehr
trittsicher. Außerdem sind sie für ihre Größe unglaublich
stark. Deshalb eignen sich die Haflinger ausgezeichnet
für die Arbeit auf Feldern an steilen Berghängen. Die Tiere
können auch schwere Lasten auf schmalen Bergpfaden
sicher befördern.
Später entdeckte man, dass Haflinger gute Freizeitpferde
und Reitschulpferde abgeben. Und als das Westernreiten
bei uns immer beliebter wurde, merkte man, wie gut sich
Haflinger auch dafür eignen. Einige Haflinger machen auch
bei Dressur- oder Springturnieren und Distanzritten eine
gute Figur.

Noriker

Ein Noriker-Gespann mit einem sogenannten Kremser

Stockmaß: 1,55 bis 1,65 m
Farben: Füchse, Braune, Schimmel, Schecken, Rappen (mit schwarzem Fell)

Haflinger und Noriker kommen aus der gleichen Gegend, den östlichen Alpen. Sie sind „ein bisschen miteinander verwandt", ungefähr so, als wäre der Noriker der Onkel und der Haflinger der Neffe, weil Noriker eine viel ältere Rasse sind. Noriker sind Kaltblutpferde, sie wurden dafür gezüchtet, schwere Wagen zu ziehen.

Früher, als es noch keine Motorfahrzeuge gab, halfen Noriker den Bauern bei all den Arbeiten, für die heute Traktoren eingesetzt werden. Benannt sind die Noriker übrigens nach der römischen Provinz Noricum in der Gegend des heutigen Kärnten (Österreich). Zu ihren frühesten Vorfahren zählen die Pferde der römischen Legionen. In späteren Jahrhunderten wurden „bunte" Pferde Mode: Nun wurden die Noriker mit Pferden gekreuzt, die ein besonders schön gezeichnetes Fell hatten. Deshalb gibt es unter den Norikern heute noch viele Tigerschecken.

Ganz die Mama: Auch Fohlen
sind schon „gemustert"
(gescheckt).

Freiberger

Stockmaß: 1,50 bis 1,60 m
Farben: nur Füchse und Braune

Ebenso wie Noriker sind auch die Freiberger Kaltblutpferde,
selbst wenn man es ihnen aufgrund ihres leichteren
Körperbaus kaum ansieht. Man bezeichnet sie auch als
„leichte Kaltblüter". Freiberger kommen aus der Schweiz
und wurden für die Arbeit im Gebirge gezüchtet: Man
wollte mit ihnen an steilen Hängen pflügen und sie auf
Passstraßen Wagen ziehen lassen.

Ein Freiberger, ganz ausgelassen auf der Weide

Weil Freiberger ziemlich stark sind, aber auch sehr wendig und nicht zu groß, nutzt man sie heute als Sportpferde: für Dressur und Springreiten, Westernreiten und Fahrsport. Da Freiberger außerdem ausgeglichen und zuverlässig sind, eignen sie sich auch gut dazu, Kindern das Reiten beizubringen. Schließlich arbeiten Freiberger noch als Therapie- und Voltigierpferde. Man kann also sogar auf ihnen turnen!

Drei Freiberger auf einem schönen Winterausritt

Typisch Vollblutaraber: das leicht nach innen gekrümmte Profil, der „Hechtkopf", und natürlich der stolze Blick

Ein schlanker Leistungssportler: Bei einem Distanzritt werden Strecken von bis zu 160 km an einem Tag bewältigt.

Arabisches Vollblut

Stockmaß: 1,48 bis 1,55 m
Farben: Füchse, Braune, Rappen, Schimmel,
Fliegenschimmel (weiß mit vielen kleinen Punkten)

Arabische Vollblüter stammen von der Arabischen Halbinsel.
Mit ihrem leichten Körperbau, den harten Hufen, dem dün-
nen, seidigen Fell und der feinen Mähne, unter der sie bei
Hitze nicht so schwitzen, sind sie für ein Leben in der Wüste
gut gerüstet. Aber keine Sorge: Wenn Arabische Vollblüter
in kühleren Ländern leben, bekommen sie ein molliges Winterfell, das sie vor Kälte schützt.
Angeblich stammen die Arabischen Vollblüter von den Lieb-
lingsstuten Mohammeds ab, des Propheten des Islams. Auf
jeden Fall ist diese Rasse schon sehr, sehr alt: Es gibt sie
seit gut 1400 Jahren! Heute werden Arabische Vollblüter in
vielen Ländern der Welt gezüchtet.
Weil sie sehr lebhaft und trotz ihrer zierlichen Figur sehr
ausdauernd sind, brauchen Arabische Vollblüter viel Be-
schäftigung. Ein bisschen in der Halle im Kreis herumzu-
laufen, das reicht ihnen bei Weitem nicht. Da sind ihnen
Distanzritte über 25 bis 160 km schon wesentlich lieber!
Sie gehen eine enge Verbindung mit „ihrem" Menschen
ein und erwarten auch, dass er viel Zeit mit ihnen verbringt.

Deutsches Reitpferd

Ein Sprung ins Wasser beim
Vielseitigkeitsturnier

Stockmaß: 1,60 bis 1,80 m

Farben: Füchse, Braune, Schimmel,
Rappen, selten Schecken

„Deutsches Reitpferd" ist ein Ober-
begriff, unter dem zahlreiche
Warmblüter aus verschiedenen
Gegenden Deutschlands zusam-
mengefasst werden, zum Beispiel
Hannoveraner und Trakehner,
Oldenburger und Westfalen, Bayerisches Warmblut oder
Mecklenburgisches Warmblut.
Jede Rasse hat ihre Besonderheiten und ihre Stärken.
Alles in allem werden Deutsche Reitpferde heute eigens
für Dressur, Springen und Vielseitigkeitsreiten gezüchtet.
Sie arbeiten aber auch bei der berittenen Polizei, in Reit-
schulen und beim Therapeutischen Reiten. Viele von ihnen
gehören Freizeitreitern. Auch im Ausland sind Deutsche
Reitpferde als Sportpferde sehr beliebt. Schaust du dir
gerne im Fernsehen die großen internationalen Reitsport-
turniere an? Daran nehmen fast nur Warmblüter teil, und
viele von ihnen sind Deutsche Reitpferde.

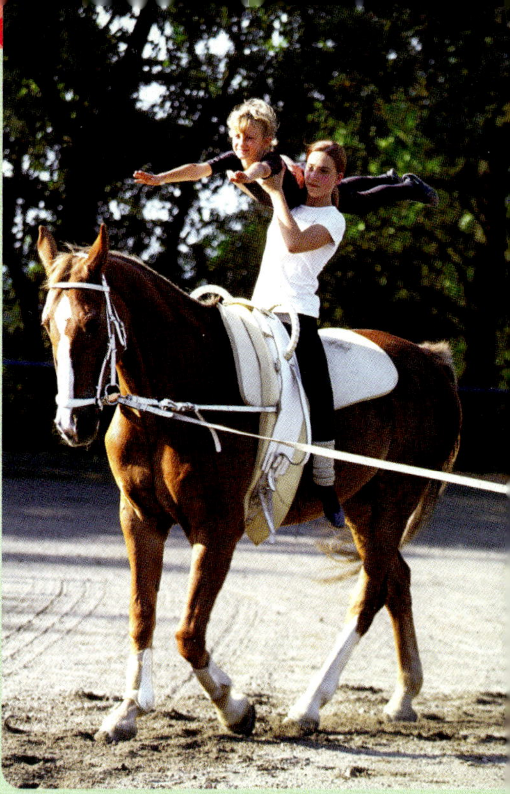

Bei der Zucht der Deutschen Reitpferde versucht man, Tiere zu erhalten, die bei der Arbeit gerne mitmachen und ausdauernd sind, ohne allzu aufgeregt zu sein. Außerdem legen die Züchter Wert auf die Größe: Große Pferde können über hohe Hindernisse springen. Und wenn sie sich elegant bewegen, wirken sie bei Dressurturnieren besonders eindrucksvoll.

Barockpferde

Rassen: Lipizzaner, Knabstrupper, Andalusier, Friese
Stockmaß: 1,45 bis 1,60 m (Friesen bis 1,75 m)
Farben: alle, auch Schecken und Tigerschecken (Friese: nur Rappen; Lipizzaner: überwiegend Schimmel)

Auf den ersten Blick sehen diese Rassen einander nicht besonders ähnlich. Doch beim genaueren Hinsehen merkt man, dass die sogenannten Barockpferde alle einen eleganten Hals, einen kurzen Rücken und eine kräftige Kruppe haben. Und dass sie (mit Ausnahme der Friesen) nicht

Ein Barockpferd in der Trabtraversale

Weil Barockpferde so schöne Gänge haben, werden sie auch gerne eingespannt.

besonders groß sind. Sie stammen aus verschiedenen europäischen Ländern, haben aber Arabische Vollblüter und von diesen abstammende spanische Pferde unter ihren Vorfahren.

Barockpferde heißen nicht nur so, weil ihre runden Formen an Skulpturen und Gemälde aus der Zeit des Barocks (eines Kunststils im 17./18. Jahrhundert) erinnern, sondern auch, weil sie auf eine Art geritten werden, die im Barock in Mode kam: Die sogenannte Hohe Schule ist die höchste und schwierigste Stufe der klassischen Dressur. Pferde, die sie beherrschen, können unter anderem auf der Stelle traben (Piaffe) und mit einem Reiter im Sattel auf sehr elegante Weise steigen (Levade). Außerdem können diese Pferde auch Kunststücke ohne Reiter vorführen – „an der Hand", wie es heißt. Eines dieser Kunststücke ist die Kapriole, ein Luftsprung.

Westernpferde

Rassen: Mustang, Appaloosa, Curly Horse, Quarter Horse
Stockmaß: 1,45 bis 1,60 m
Farben: Füchse, Braune, Rappen, Schimmel, Palominos (mit cremefarbigem Fell), alle Arten von Schecken

Die Pferde der amerikanischen Rassen stammen von den Tieren ab, die die spanischen Eroberer und später die europäischen Siedler mit nach Amerika gebracht haben: Andalusier, Arabische Vollblüter, Berber, dann auch Ponys und Kaltblüter. Im Laufe der Zeit rissen Pferde immer wieder ihren Besitzern aus, verirrten sich oder wurden freigelassen. Sie und ihre Nachkommen verwilderten und wurden zu den Mustangs, die heute noch in Herden wild umherstreifen.

Keine Angst vor Kühen:
ein Quarter Horse bei der Arbeit

Die Indianer lernten die Pferde der Europäer schätzen und züchteten bald selbst Pferde. Die berühmteste von Indianern gezüchtete Rasse ist die der „bunten" Appaloosas.

Woher die Curly Horses kommen, weiß man nicht so genau. Europäische Siedler und Indianer arbeiteten gleichermaßen mit ihnen. Besonders an ihnen ist das wellige bis lockige Fell. Mähne und Schweif können kraus sein oder Korkenzieherlocken haben. Und das Tollste: Auch wer gegen Pferde allergisch ist, muss in ihrer Nähe nicht niesen!

Quarter Horses heißen so, weil sie ursprünglich für kurze Rennen über eine Viertelmeile („a quarter mile", das sind etwa 400 m) gezüchtet wurden. Dann entdeckte man, dass sie sich auch gut für das Westernreiten und die Arbeit mit Rindern eignen.

Kuscheliges Winterfell: Dieses Curly Horse ist gegen Schnee und Kälte gut gerüstet.

Rennpferde

Ein spannender Moment: Galopper verlassen die Startboxen. Sie dürfen bei den Rennen nur galoppieren.

Rassen: Englisches Vollblut, Traber (American Standardbred, Französischer Traber, Orlow-Traber)
Stockmaß: 1,45 bis 1,75 m
Farben: Füchse, Braune, seltener Rappen und Schimmel, keine Schecken

Hierzulande überwiegen zwei Arten von Pferderennen: Galopprennen, bei denen die Jockeys im Sattel der Galopper mit sehr kurzen Bügeln im leichten Sitz reiten, und Trabrennen, bei denen die Jockeys in leichten, zweirädrigen Wagen sitzen, den sogenannten Sulkys.
Galopprennpferde sind immer Englische Vollblüter. Mit Spitzengeschwindigkeiten um 65 km/h gelten sie als die schnellsten Pferde überhaupt. Erfolgreiche Traber sind nicht viel langsamer: Im Renntrab erreichen sie schon mal 45 bis 50 km/h.

Galopper und Traber beginnen ihre Karriere schon sehr früh: In dem Jahr nach ihrer Geburt kommen die Pferde als Einjährige zu einem Trainer, der sie ausbildet. Als Zweijährige nehmen sie bereits an Rennen teil. Galopper sind meist nur einige wenige Jahre lang Hochleistungspferde. Traber bleiben oft länger „im Rennen" und können noch im Alter von zehn Jahren an den Start gehen. Erfolgreiche Rennpferde werden in die Zucht übernommen. Die weniger erfolgreichen müssen etwas Neues lernen: Je nach Begabung werden sie zu Westernpferden, Springpferden, Pferden für Distanzritte oder zu Freizeitpferden umgeschult.

Traber dürfen vor dem Sulky nur traben. Wer angaloppiert, scheidet aus.

Pferde- und Pony-Quiz

1. Vollblüter heißen so, weil …
a) sie mehr Blut im Körper haben als andere Pferde.
b) ihr Blut irgendwie dicker ist.
c) ihre Vorfahren alle der gleichen Rasse angehören, also auch Vollblüter sind.

2. Kleinpferde sind Pferde(,) …
a) mit höchstens 1,48 m Widerristhöhe.
b) die man auch mit in die Wohnung nehmen kann.
c) mit höchstens 1,60 m Widerristhöhe.

3. Kaltblüter heißen so, …
a) weil ihre Vorfahren vom Nordpol stammen.
b) weil sie vom Temperament her eher ruhig sind.
c) weil sie wie Eidechsen wechselwarm sind.

4. Quarter Horses und andere amerikanische Pferderassen stammen von Pferden ab, …
a) die mit den Eroberern und Einwanderern nach Nordamerika kamen.
b) die seit der Eiszeit in Nordamerika leben.
c) die von Australien nach Nordamerika schwammen.

5. Shetlandponys konnten in einem unwirtlichen Lebensraum überleben, …
a) weil sie so niedlich sind.
b) weil sie genügsam und widerstandsfähig sind.
c) weil sie früher Flügel hatten und im Herbst immer nach Süden geflogen sind.

6. Pferde- und Ponyrassen …
a) sind wie Markenzeichen: Alle Tiere einer Rasse sehen gleich aus und verhalten sich auch gleich.
b) sagen überhaupt nichts aus, denn jedes Pferd ist vollkommen anders als alle anderen.
c) sind eine Orientierungshilfe: Bei jeder Rasse überwiegen bestimmte Eigenschaften und Begabungen.

Lösungen: 1c, 2a, 3b, 4a, 5b, 6c.